"Harmonious Architectures" is the title of the new book by Hannibal: in this new parade of photographs we see the architectural side of the buildings immortalized.
The black and white shots make each page a leap into the past, a look back in which to contemplate the past splendor of some beautiful buildings.
A melancholic vision, at times, but also a push to the future: human ingenuity has delighted in all these centuries, and the imperative for the future is to continue on this path.
I just have to say goodbye and go back to leafing through "Harmonious Architectures", trying to hypothesize the subject of Hannibal's next book (full of magic).

Fabio Rancati

"Harmonious Architectures" è il titolo del nuovo libro di Hannibal: in questa nuova parata di fotografie vediamo immortalato il lato architettonico delle costruzioni.
Il bianco e nero degli scatti rende ogni pagina un salto nel passato, uno sguardo indietro nel quale contemplare il fasto passato di alcuni splendidi palazzi.
Una visione malinconica, a tratti, ma anche una spinta al futuro: l'ingegno umano ha deliziato in tutti questi secoli, e l'imperativo per il futuro è di continuare su questa strada.
Non mi resta che salutarvi e rimettermi a sfogliare "Harmonious Architectures", provando ad ipotizzare il soggetto del prossimo libro (colmo di magia) targato Hannibal.

Fabio Rancati

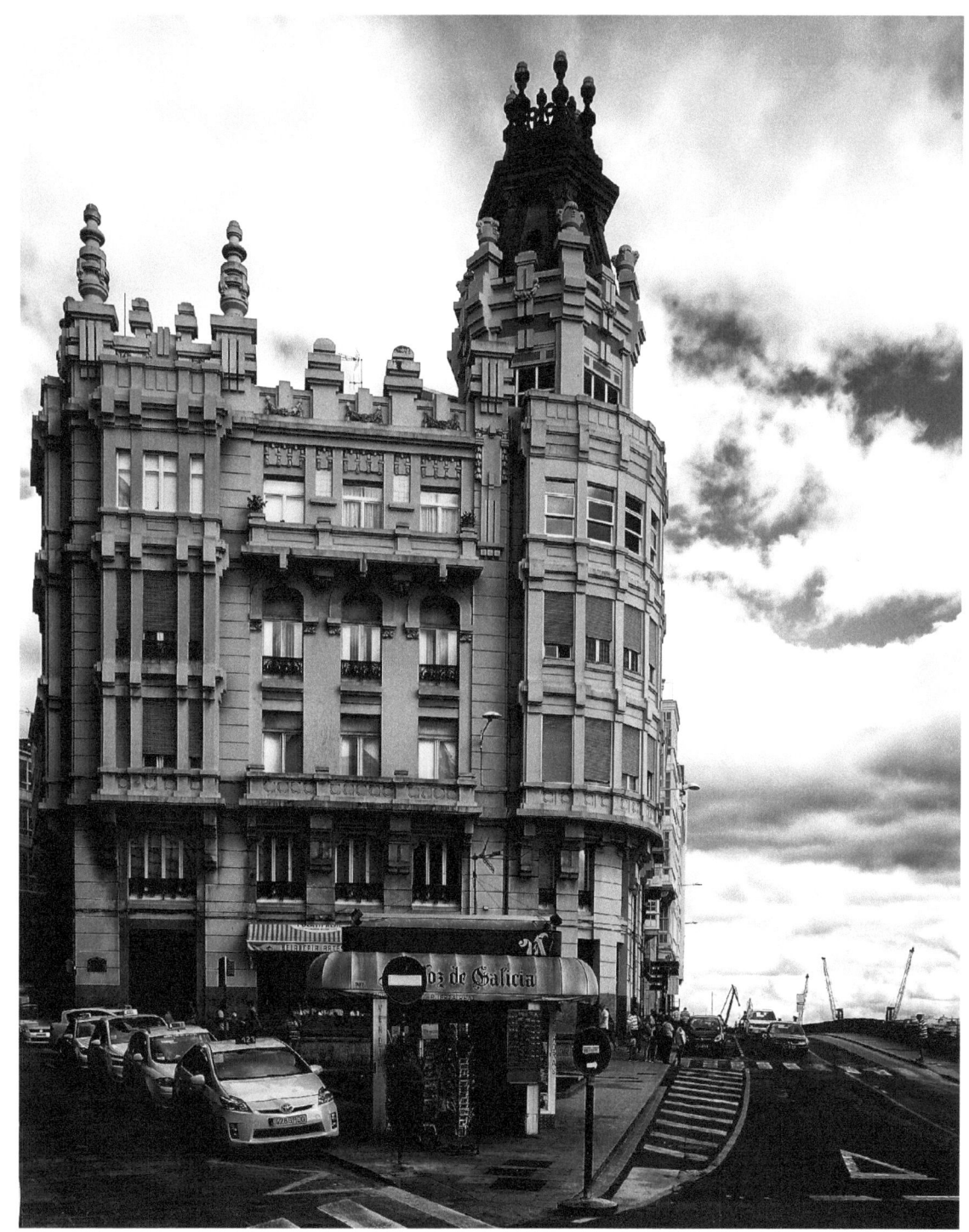

A Coruna

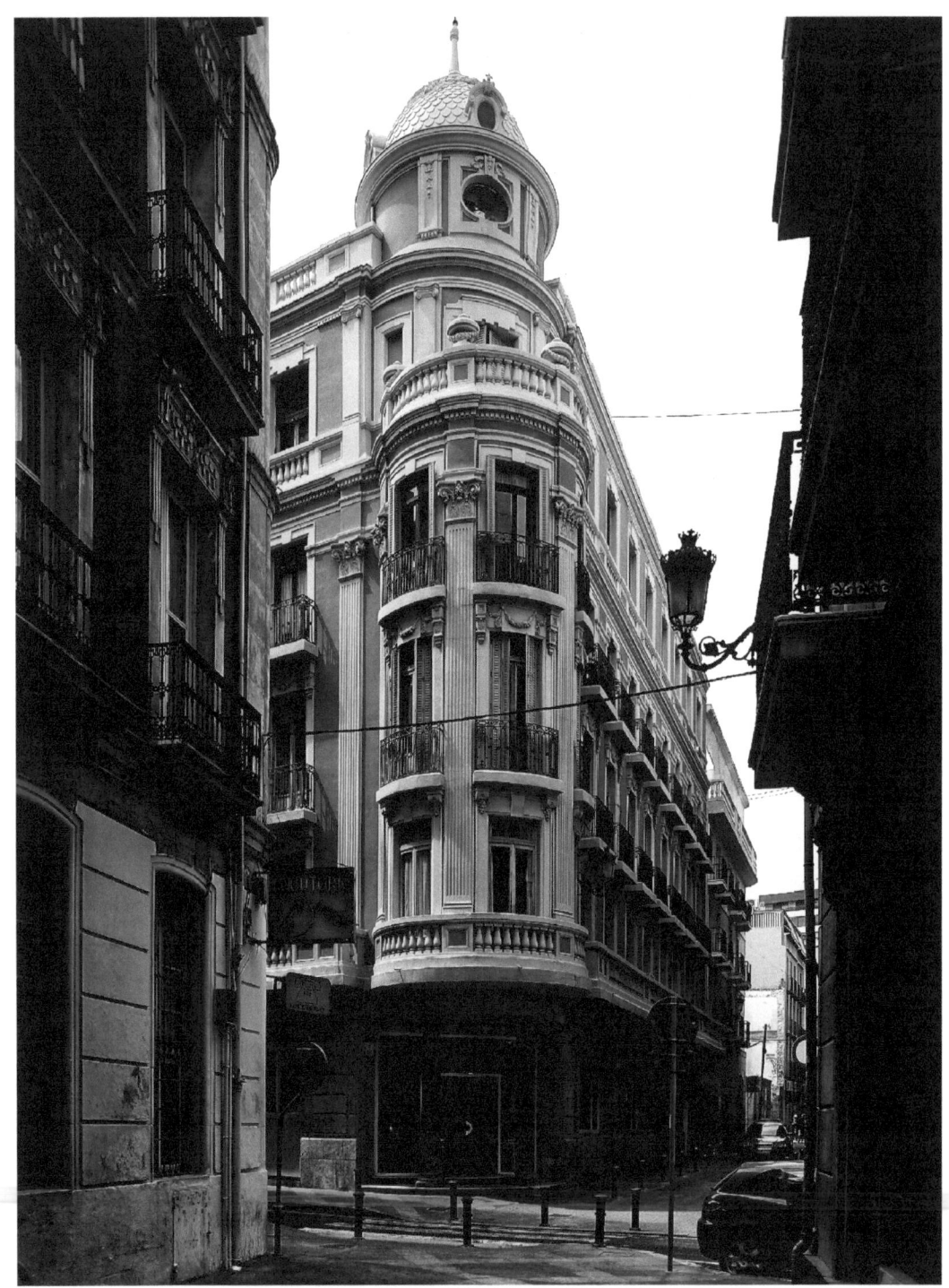

Alicante

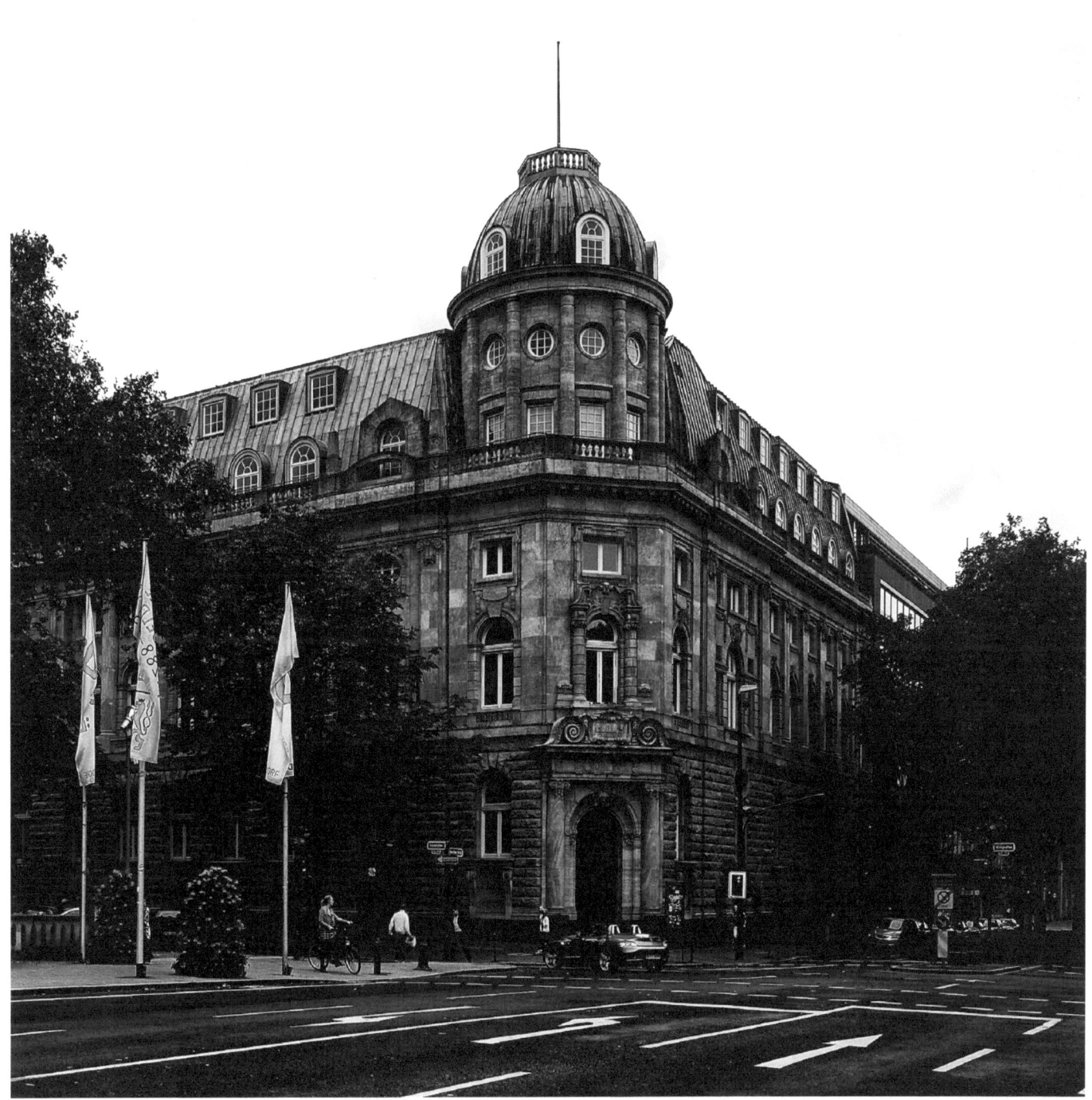

Dusseldorf

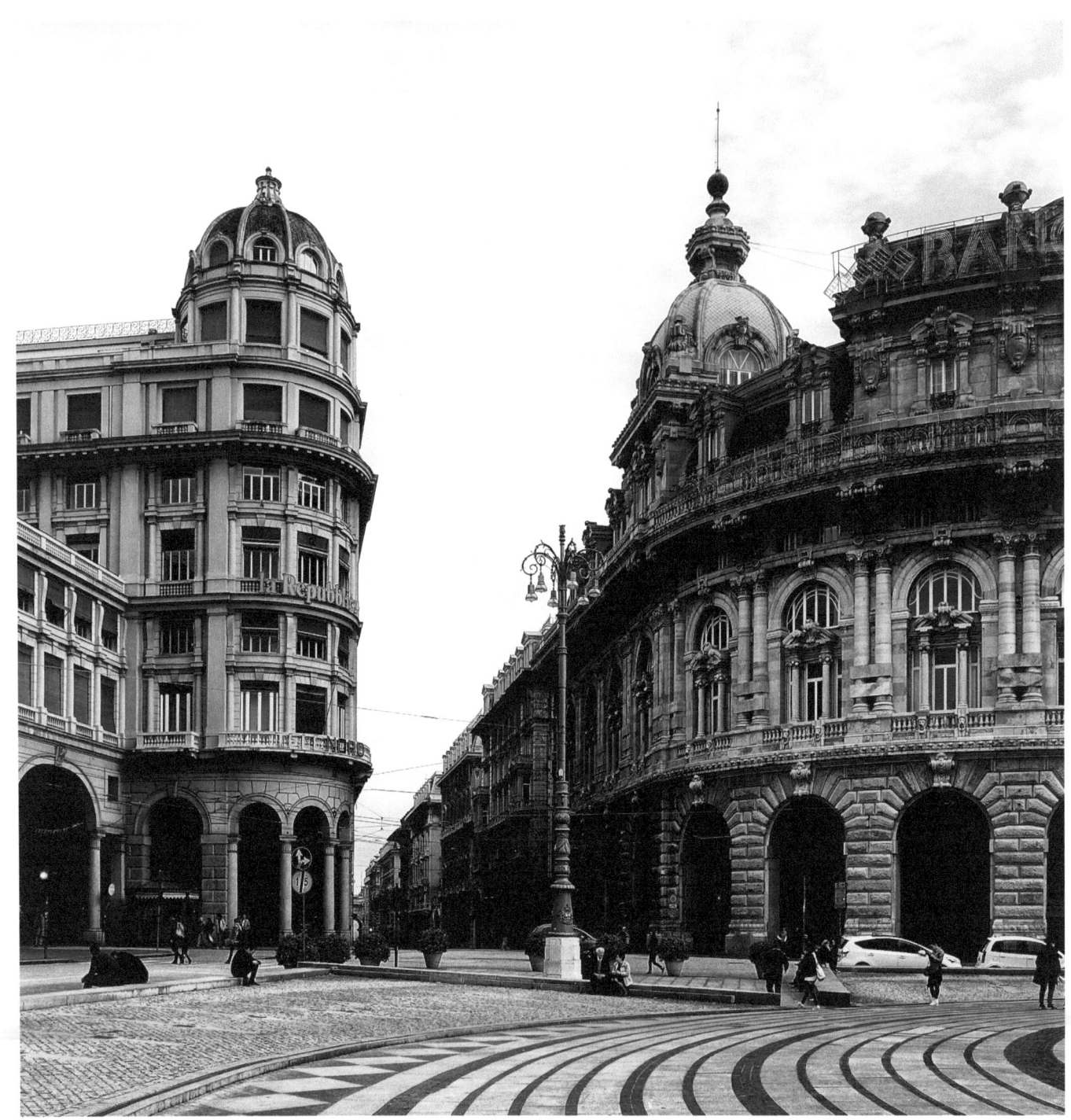

Genova

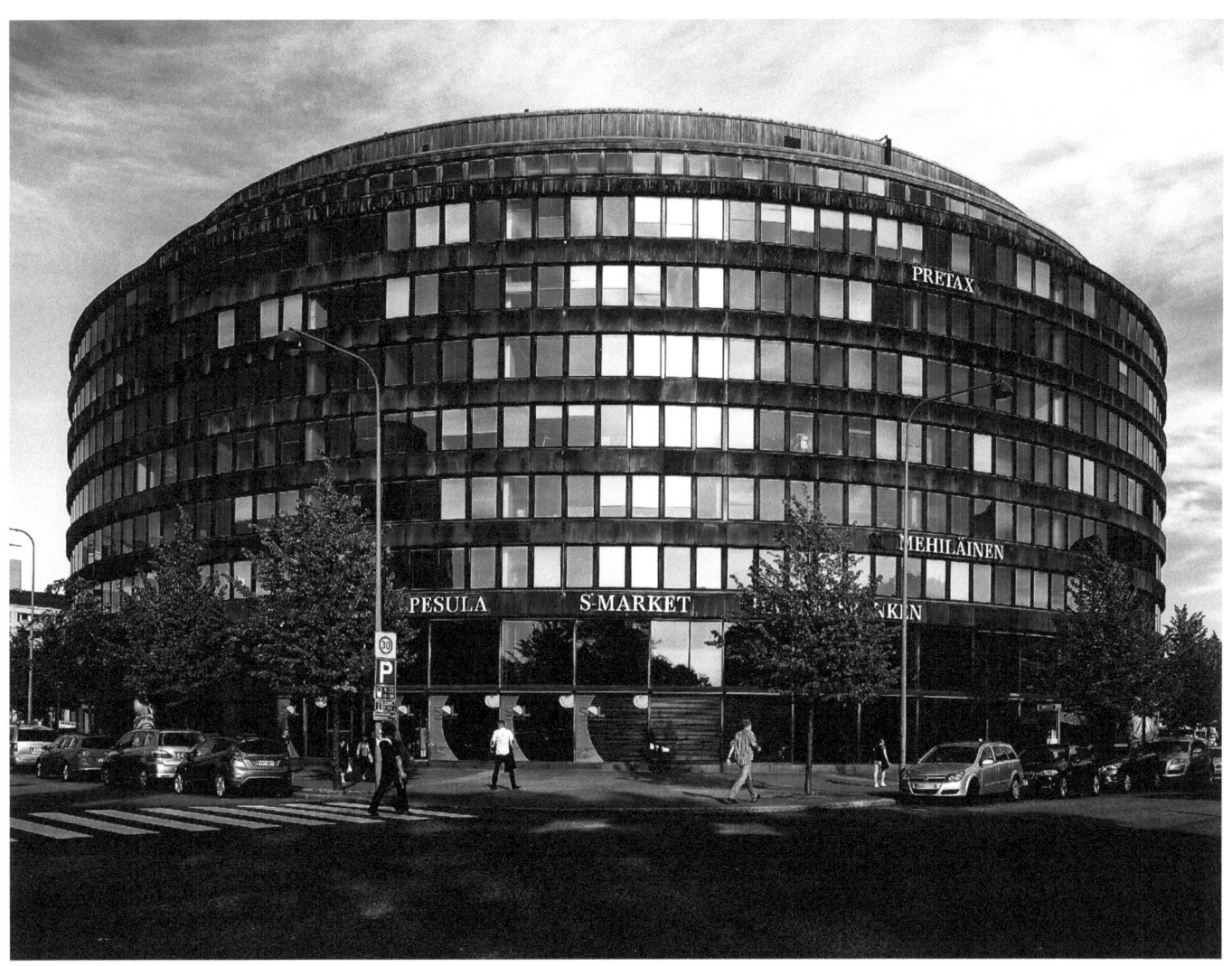

Helsinki

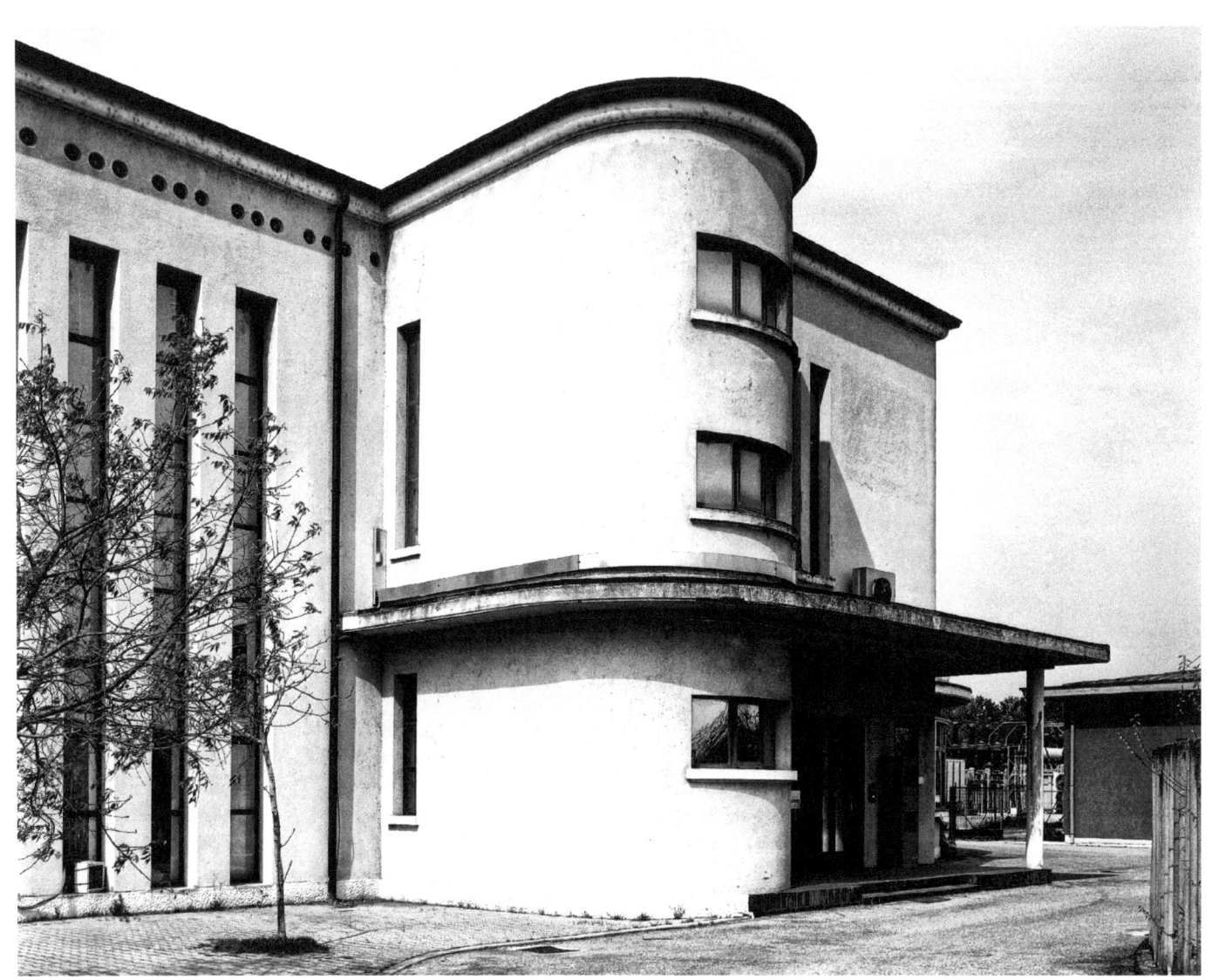

Mantova

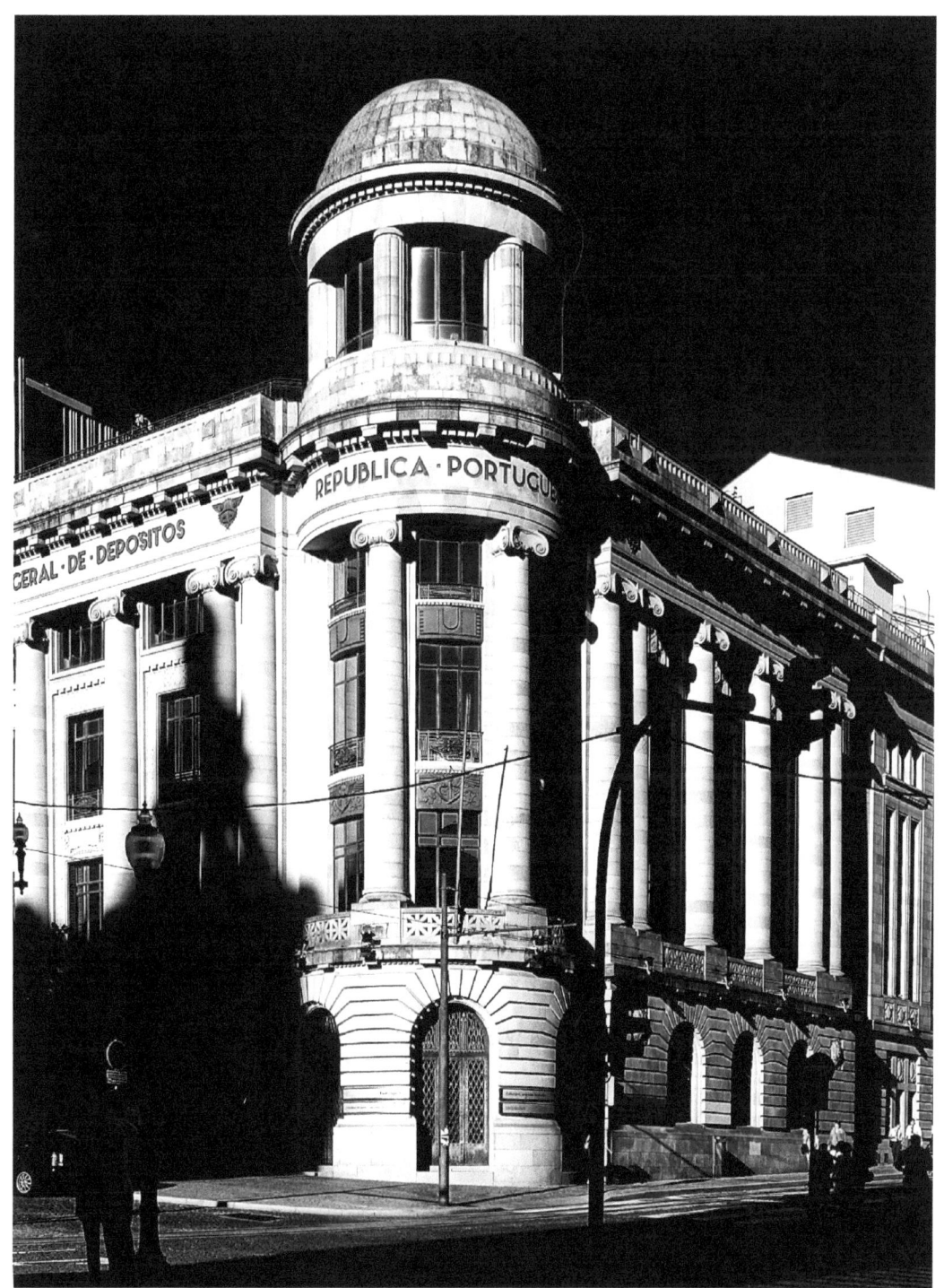

Oporto

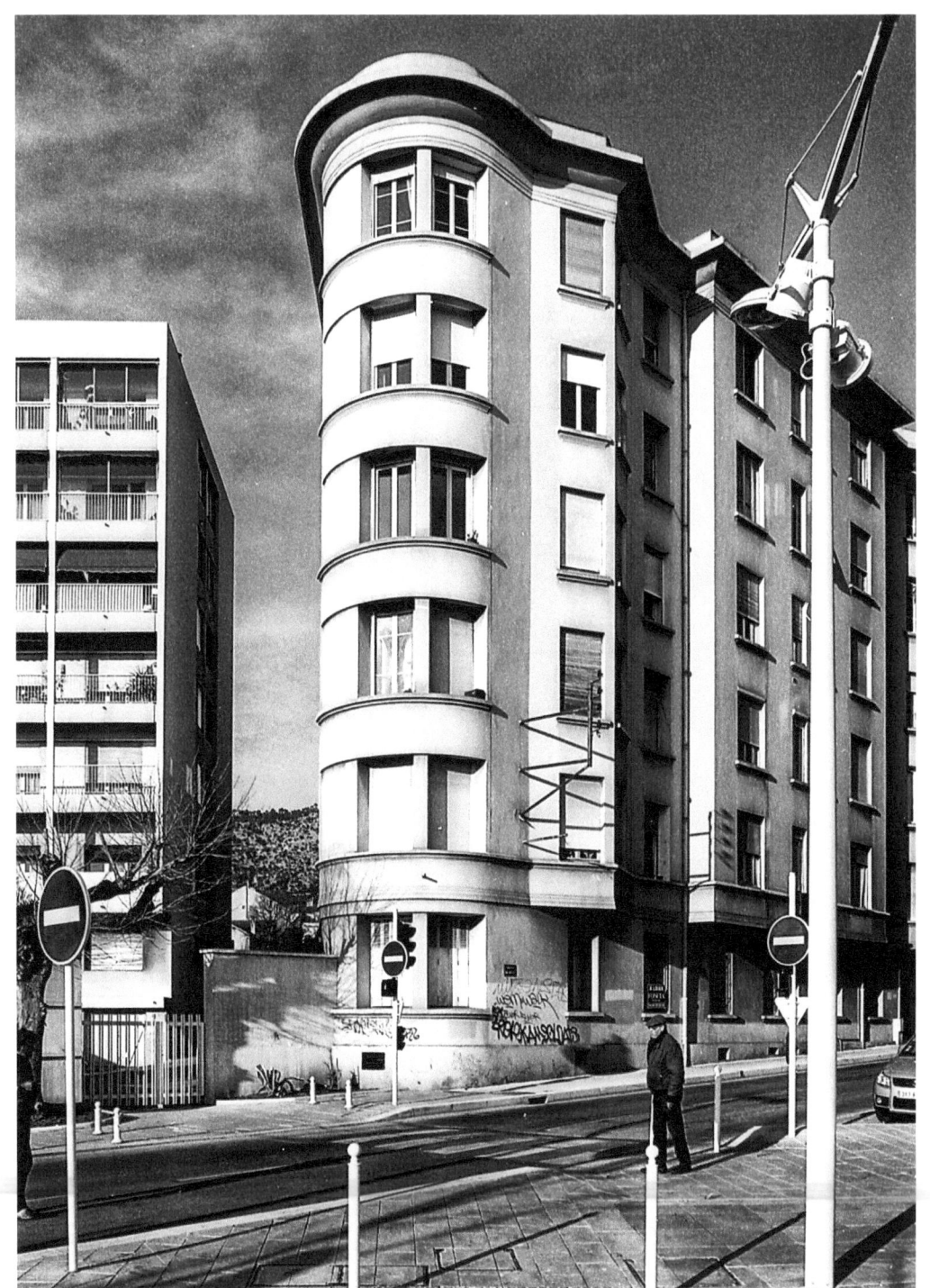

Toulon

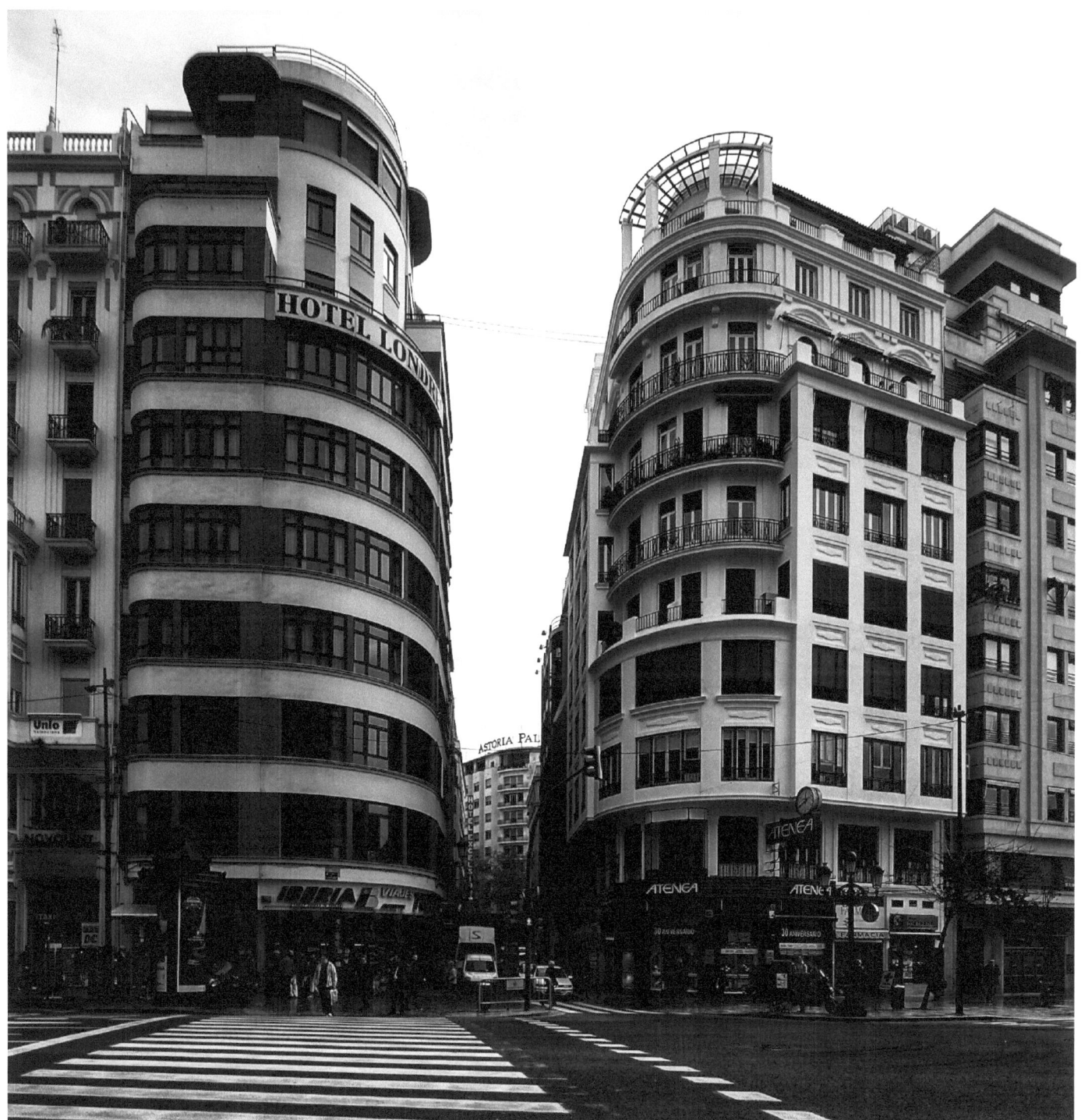

Valencia

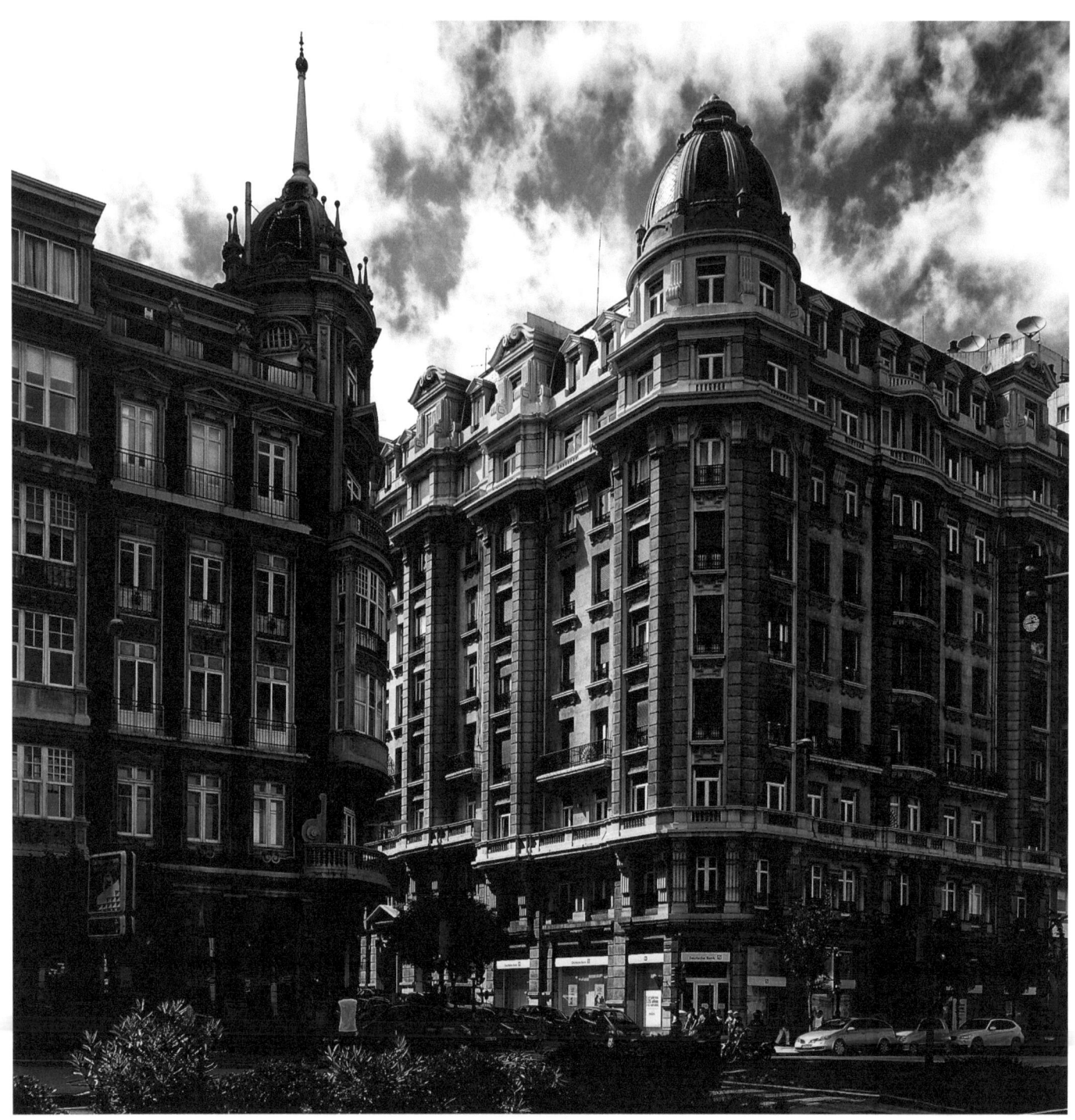

A Coruna

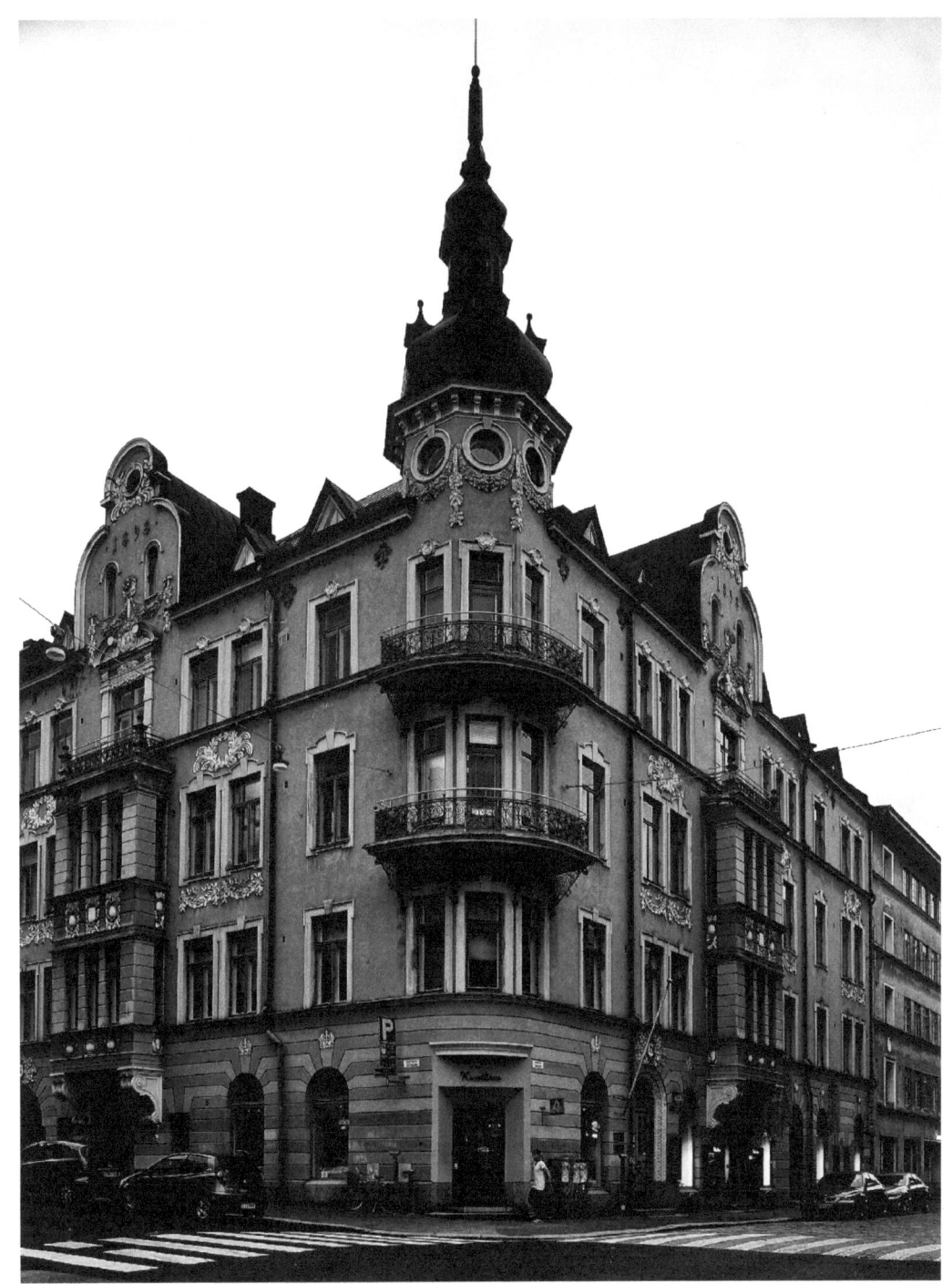

Helsinki

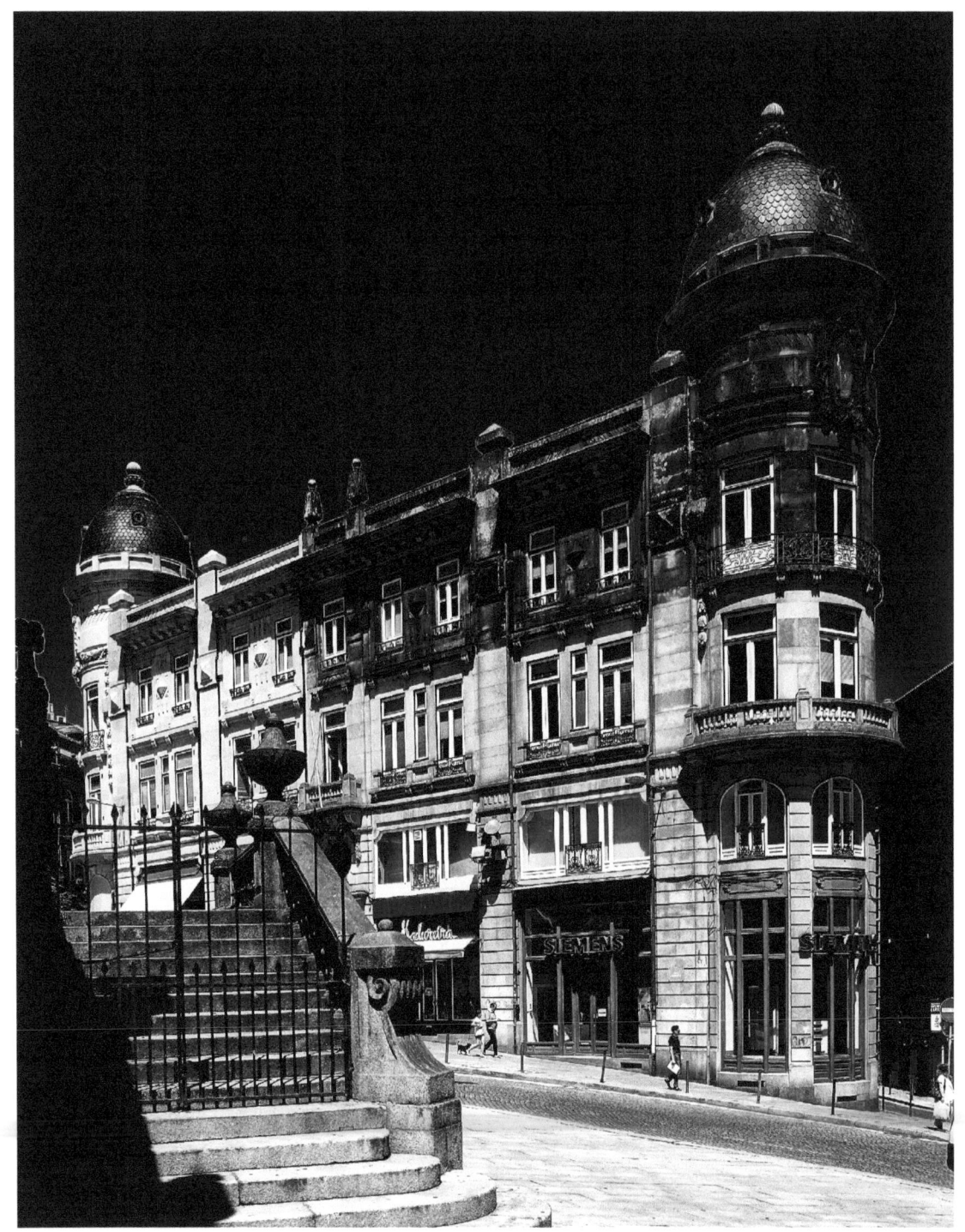

Oporto

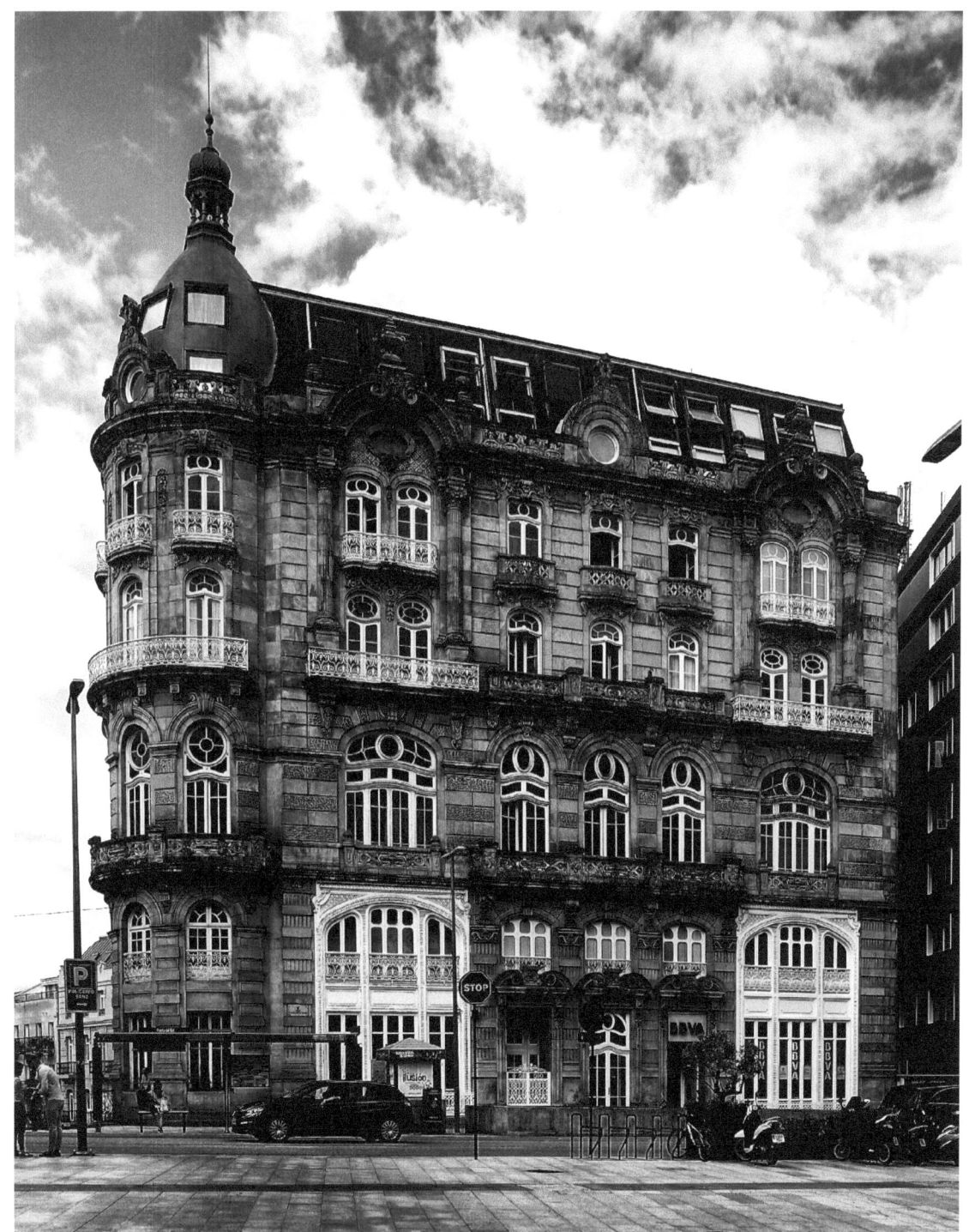

Vigo

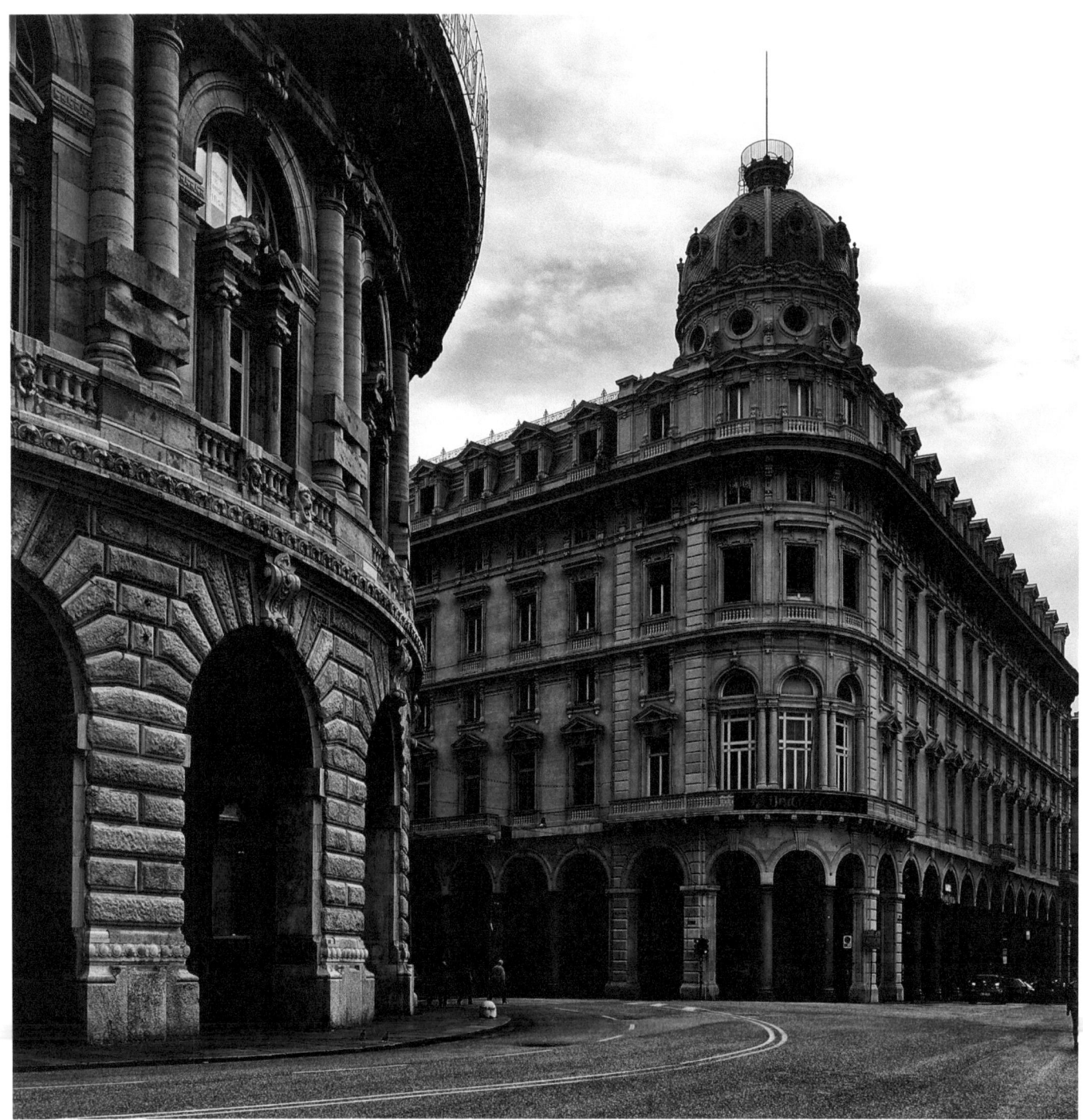

Genova

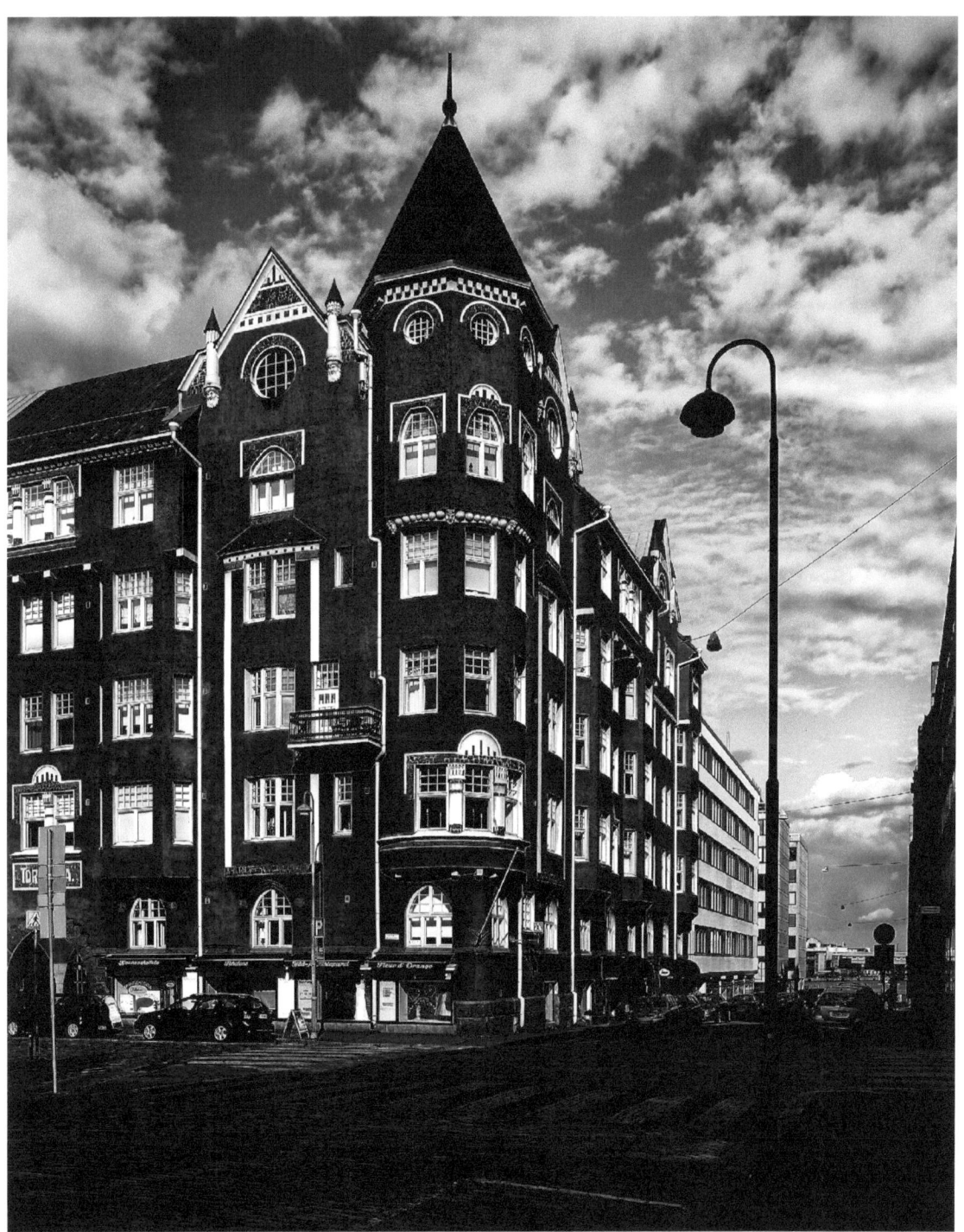

Helsinki

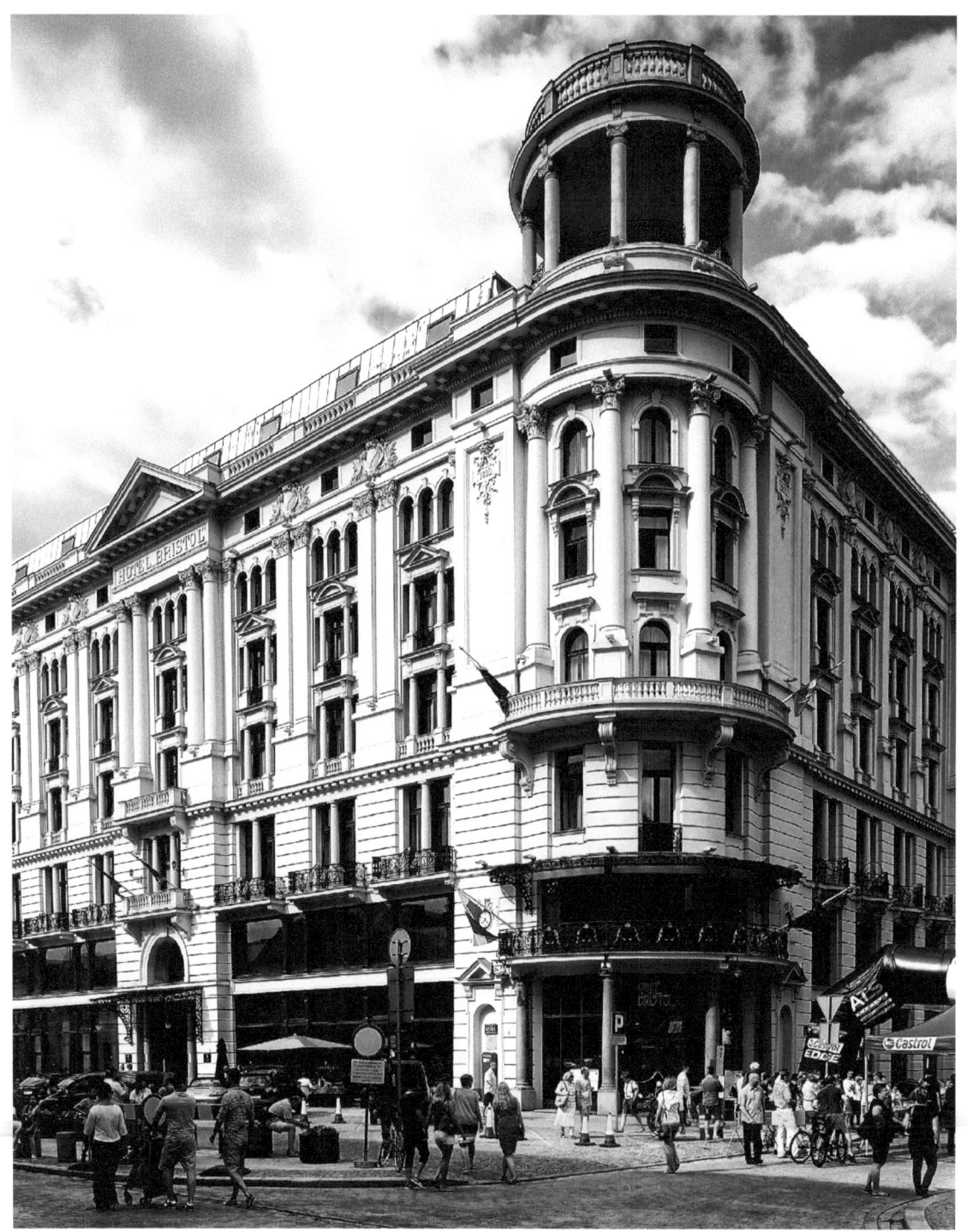

Warszawa

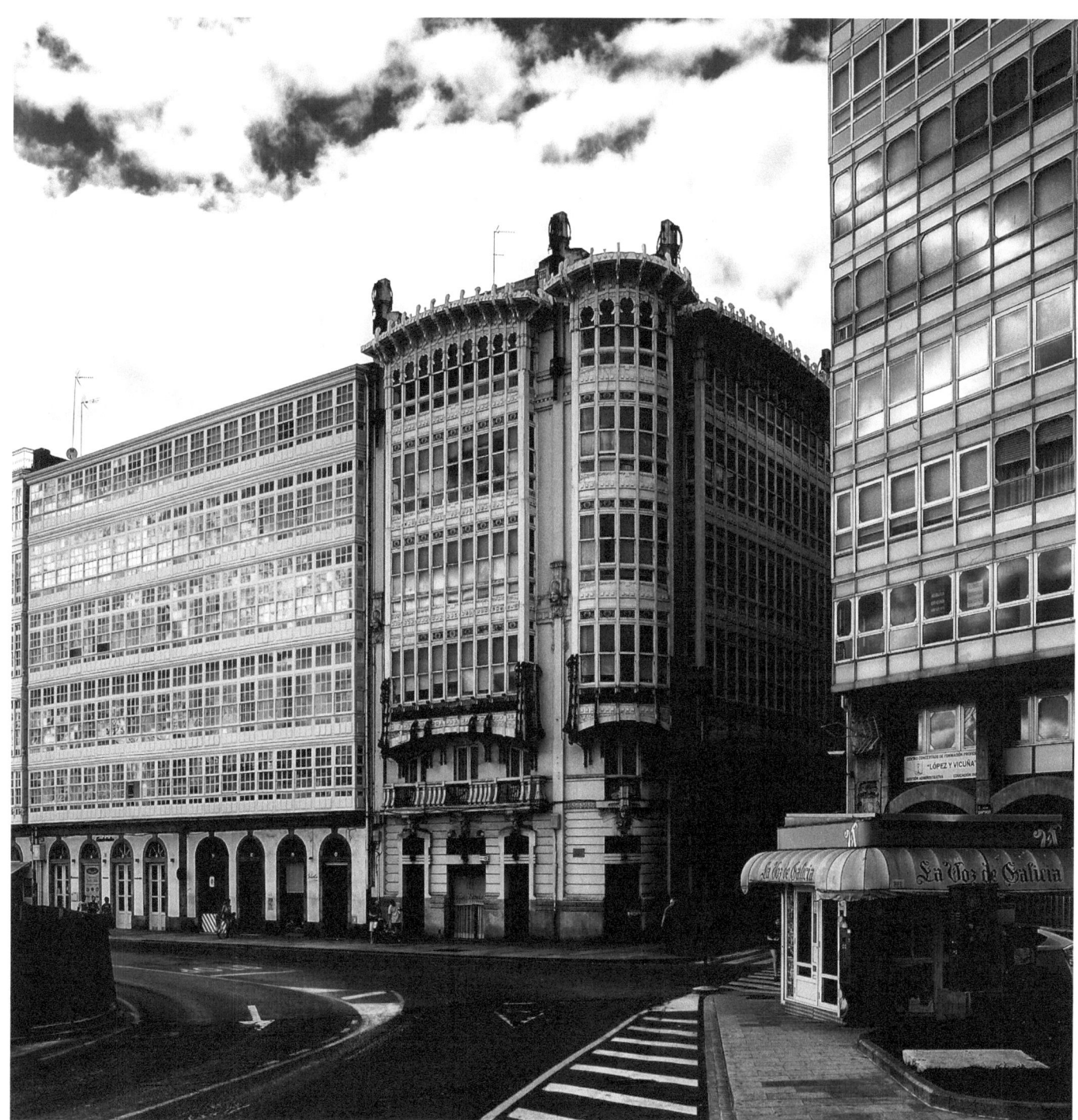

A Coruna

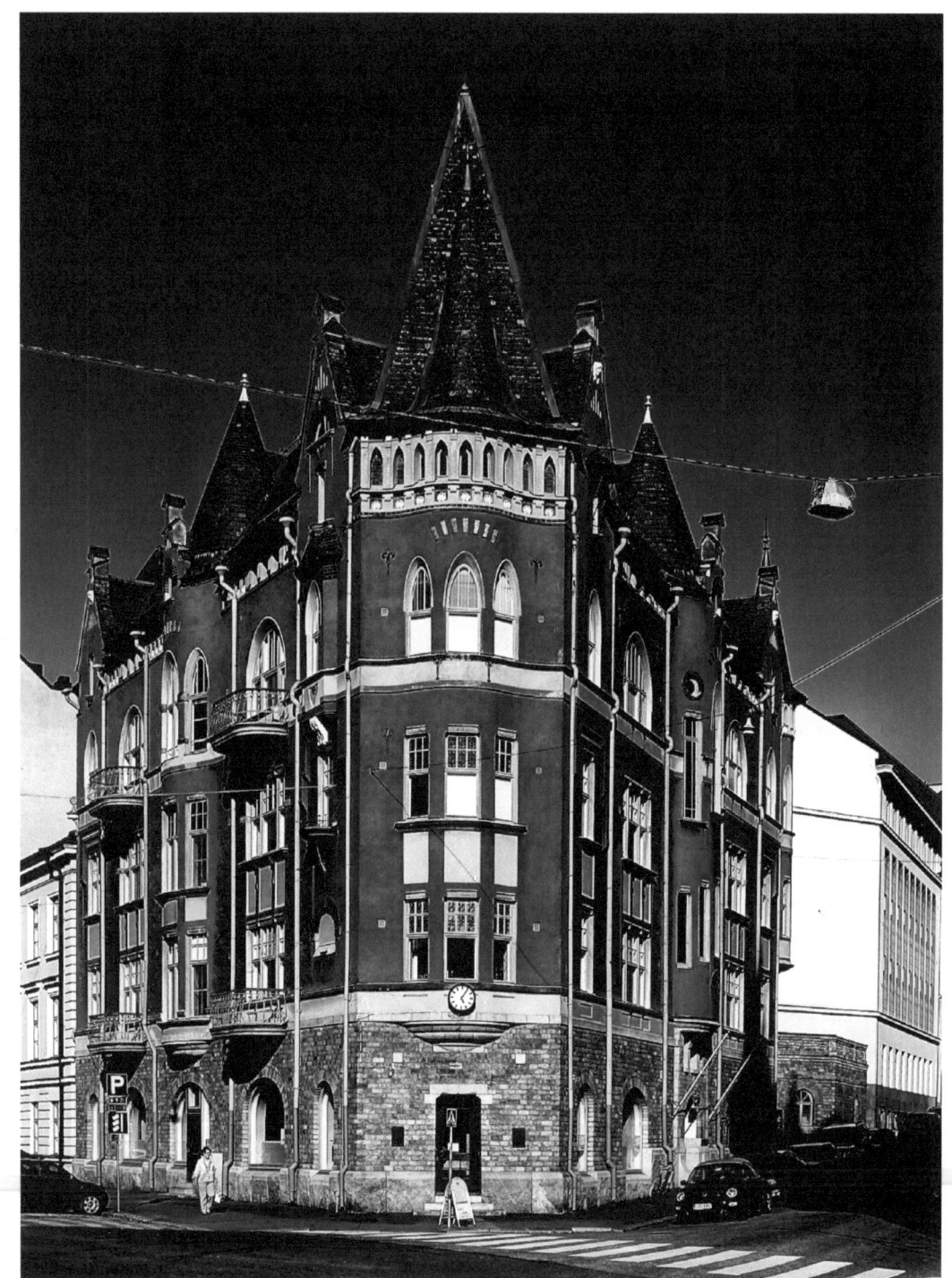

Helsinki

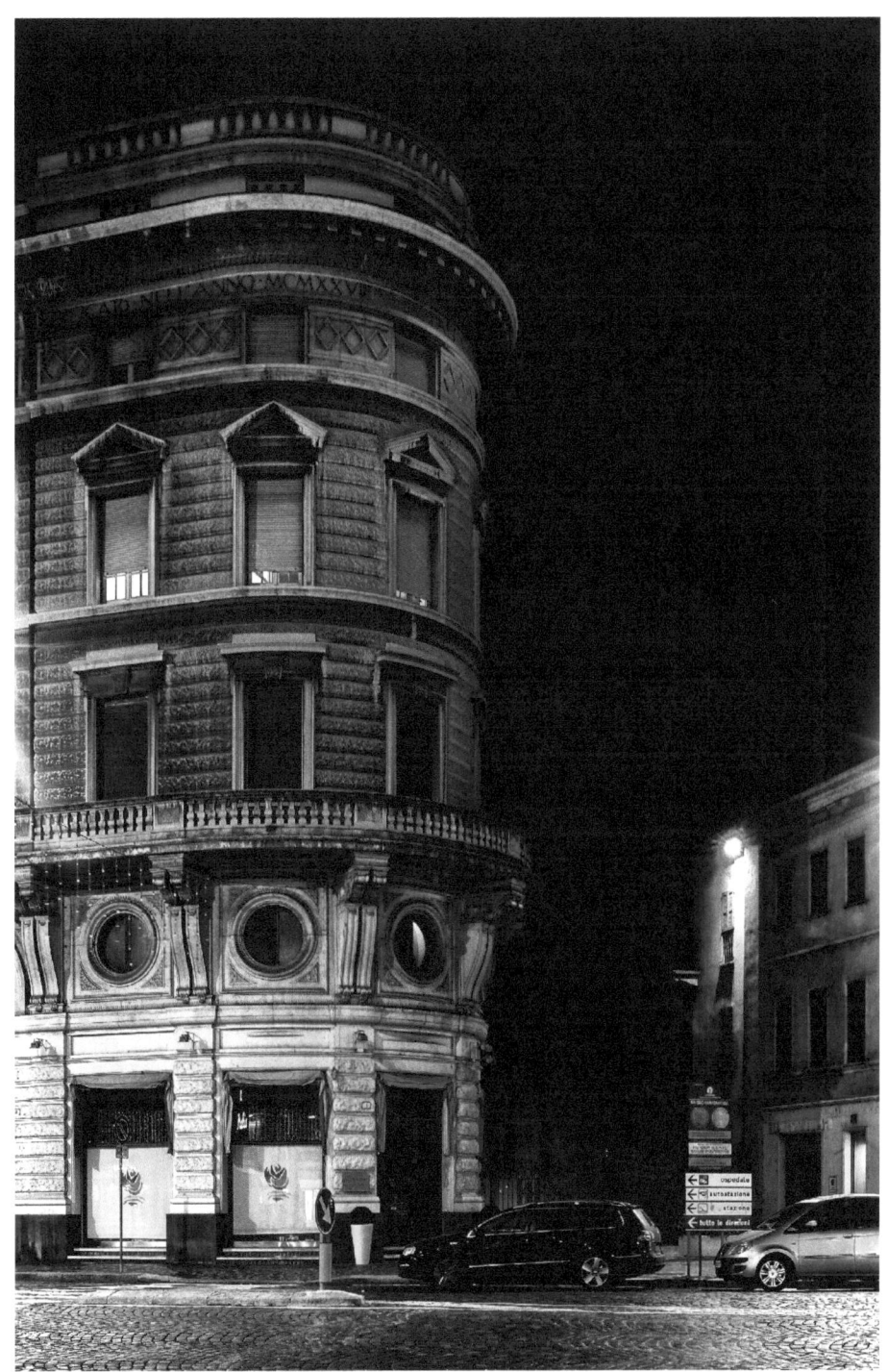

Mantova

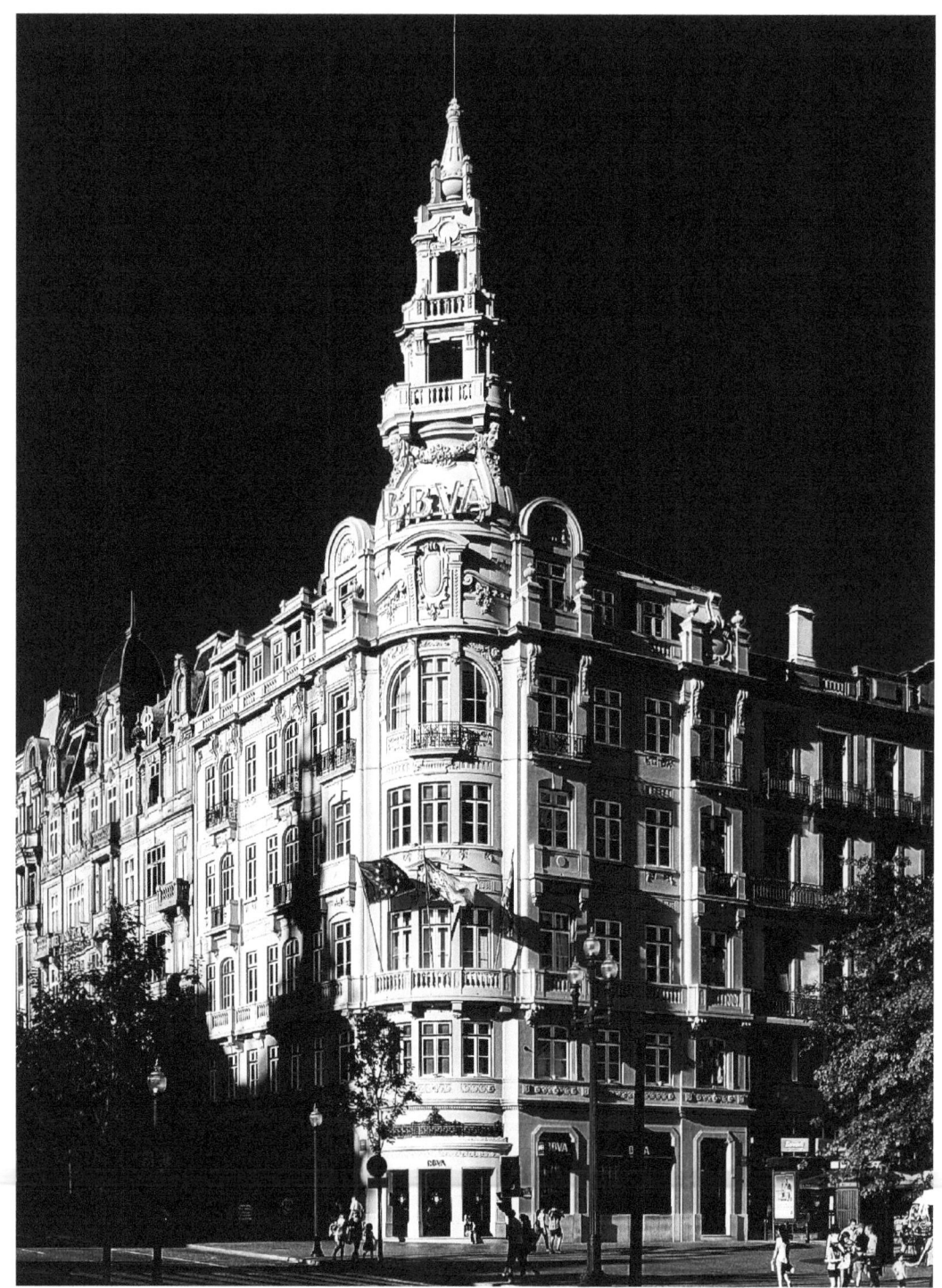

Oporto

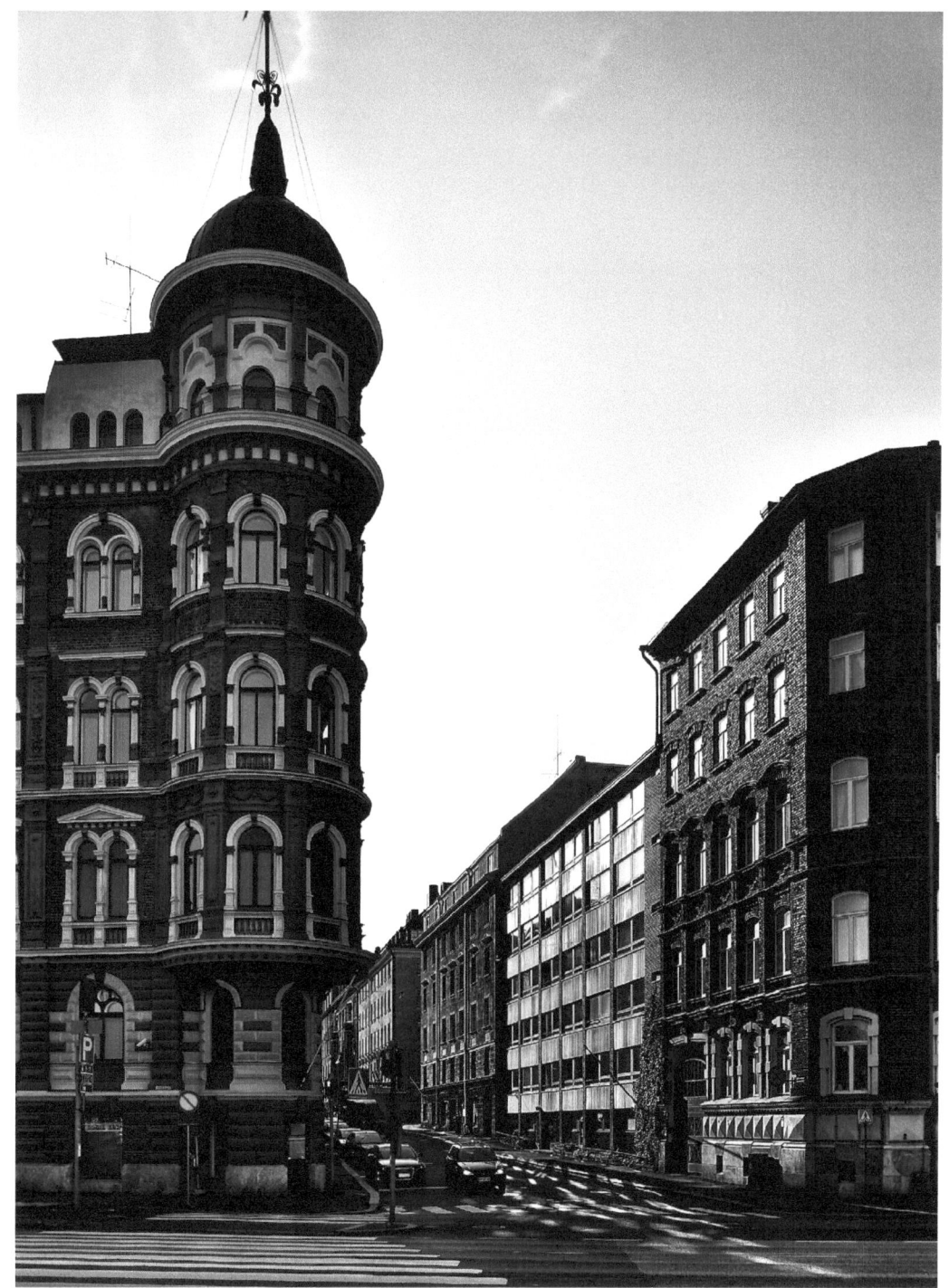

Helsinki

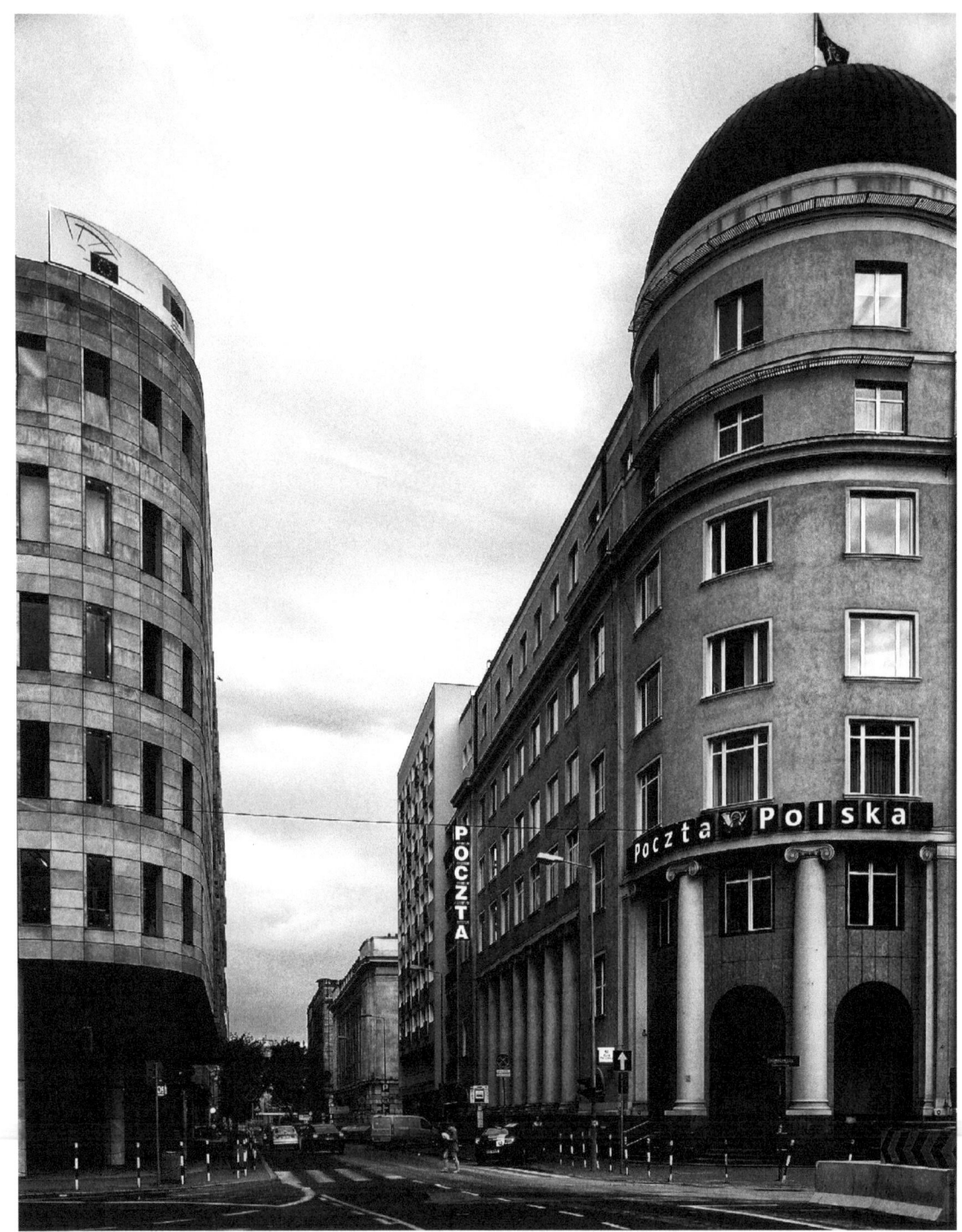

Warszawa

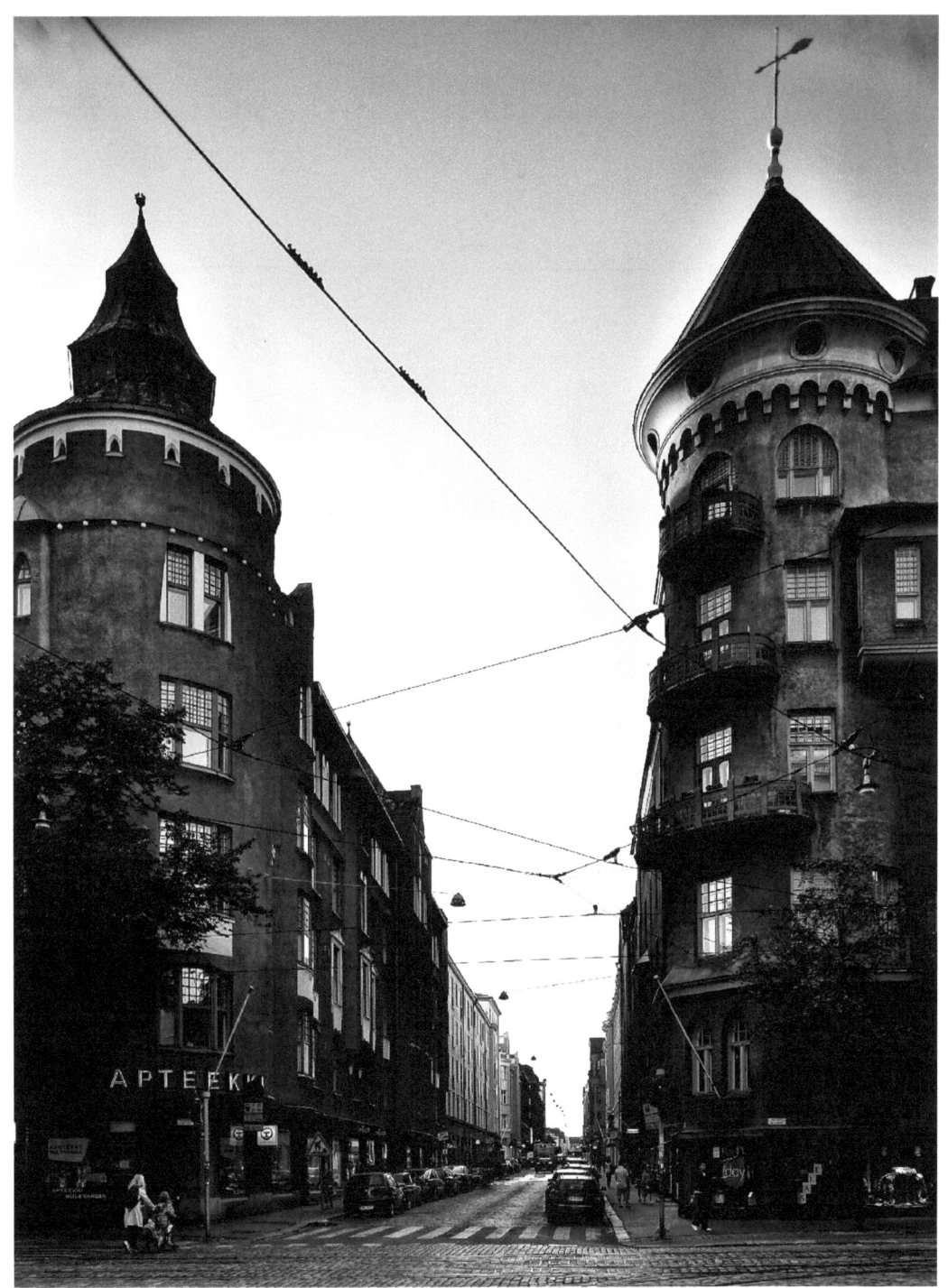

Helsinki

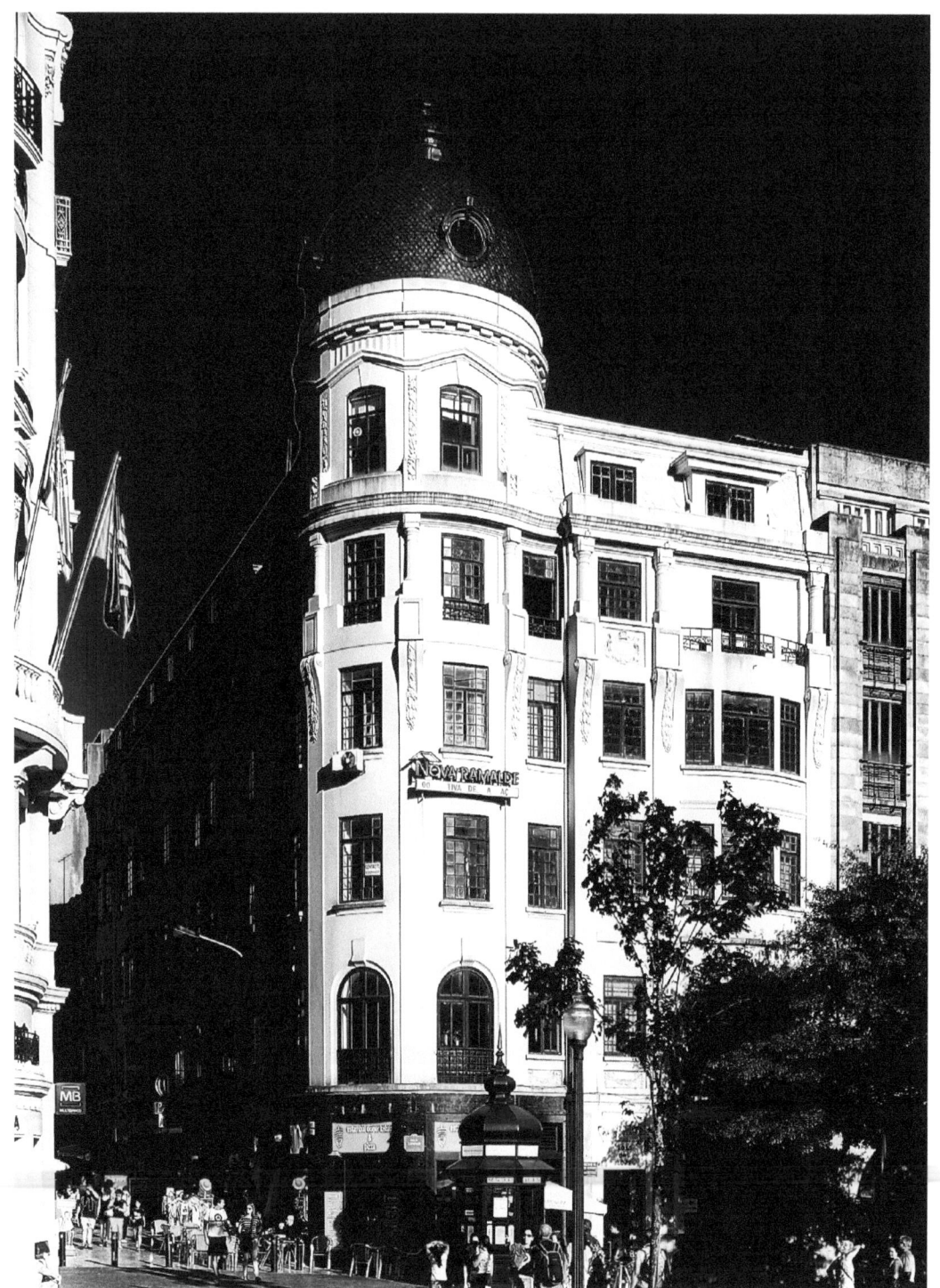

Oporto

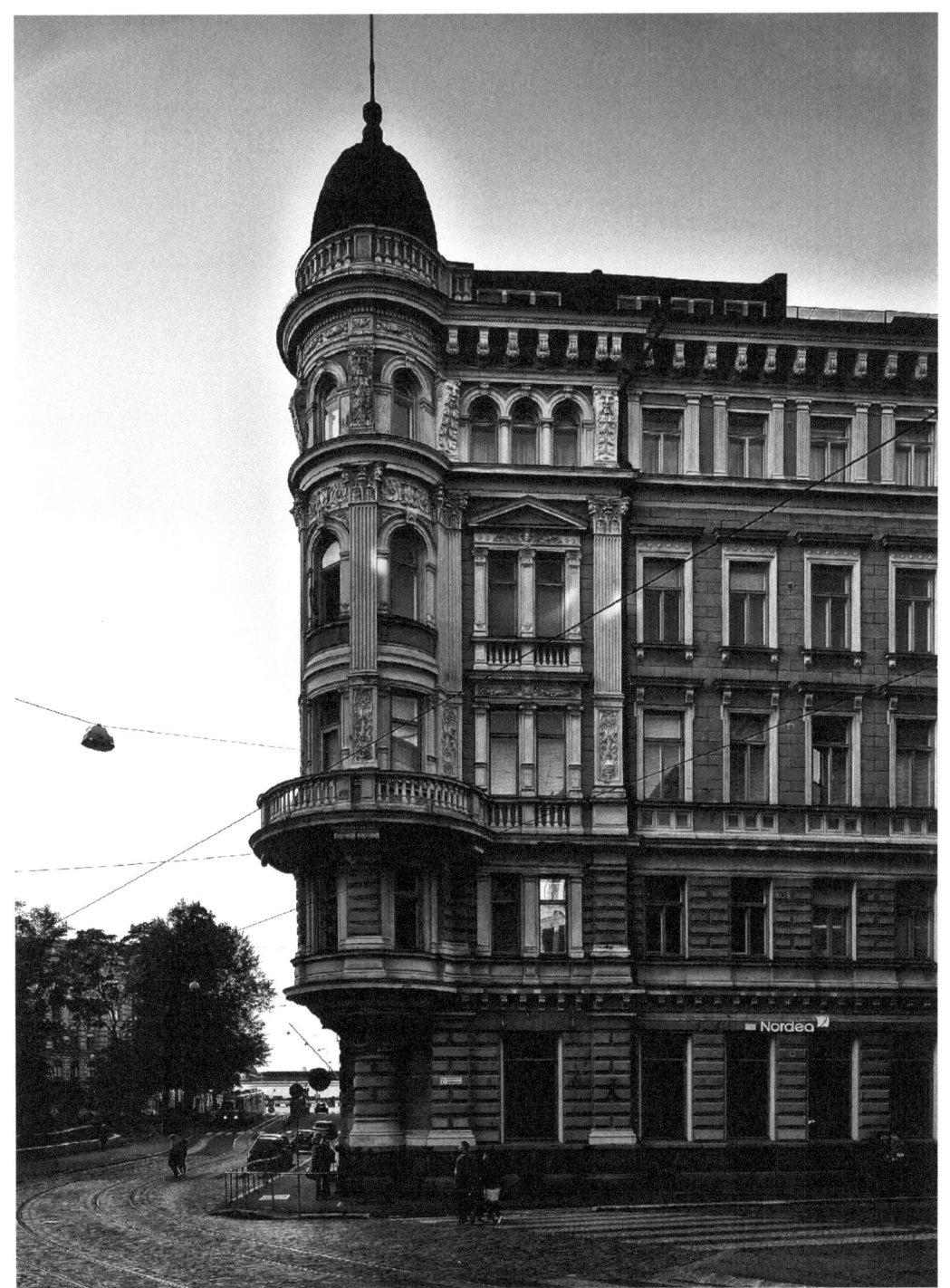

Helsinki

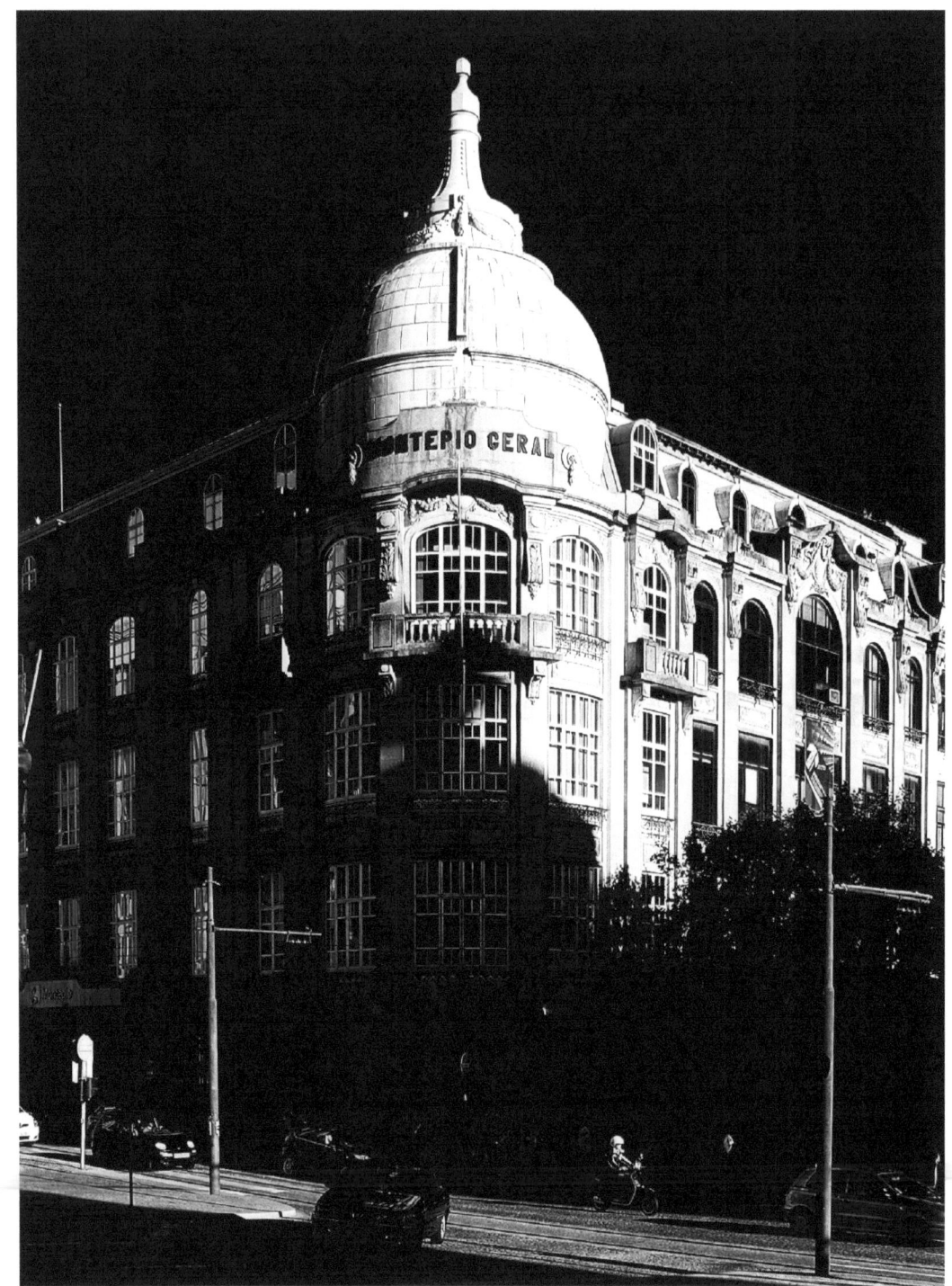

Oporto

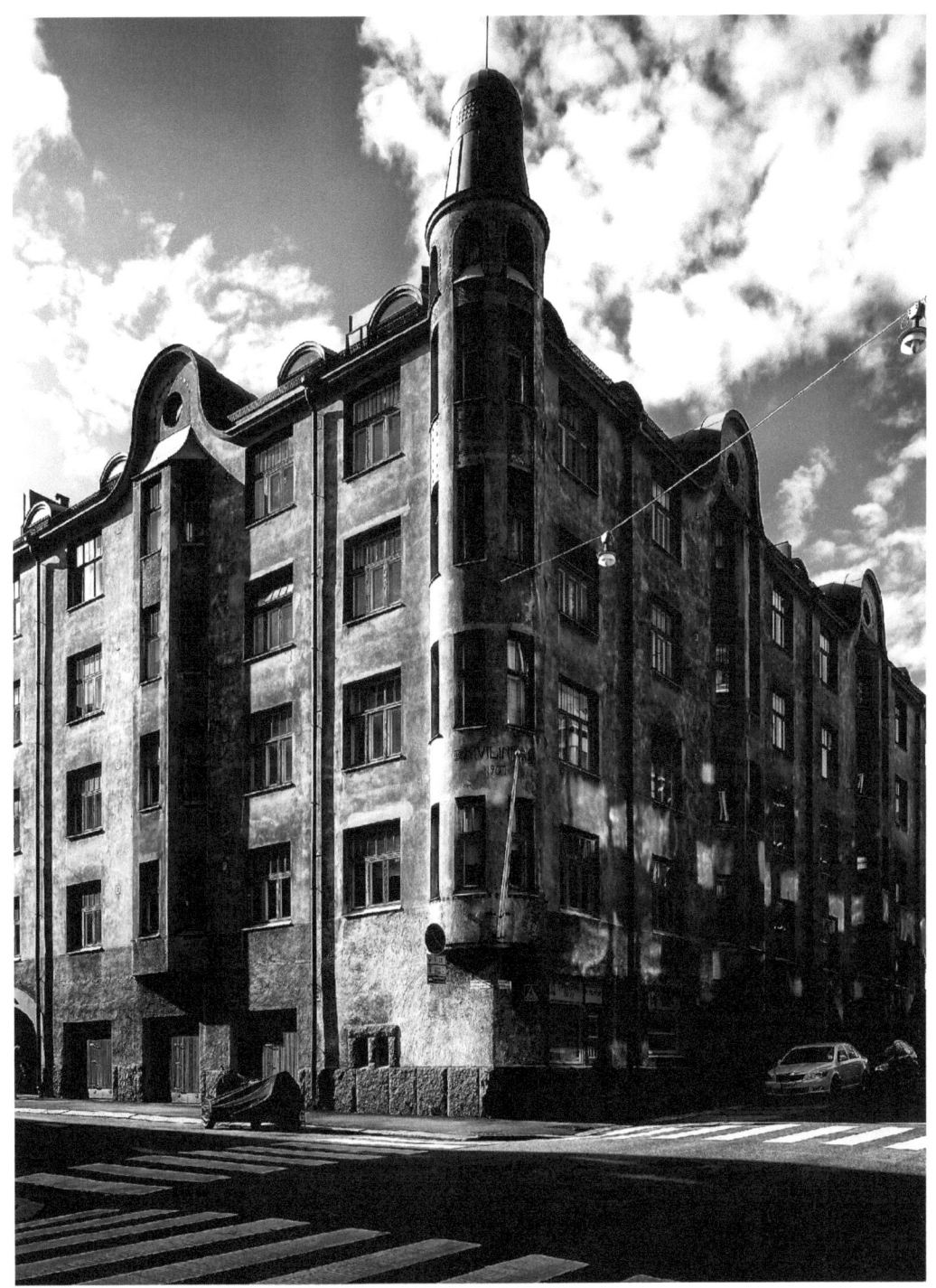

Helsinki

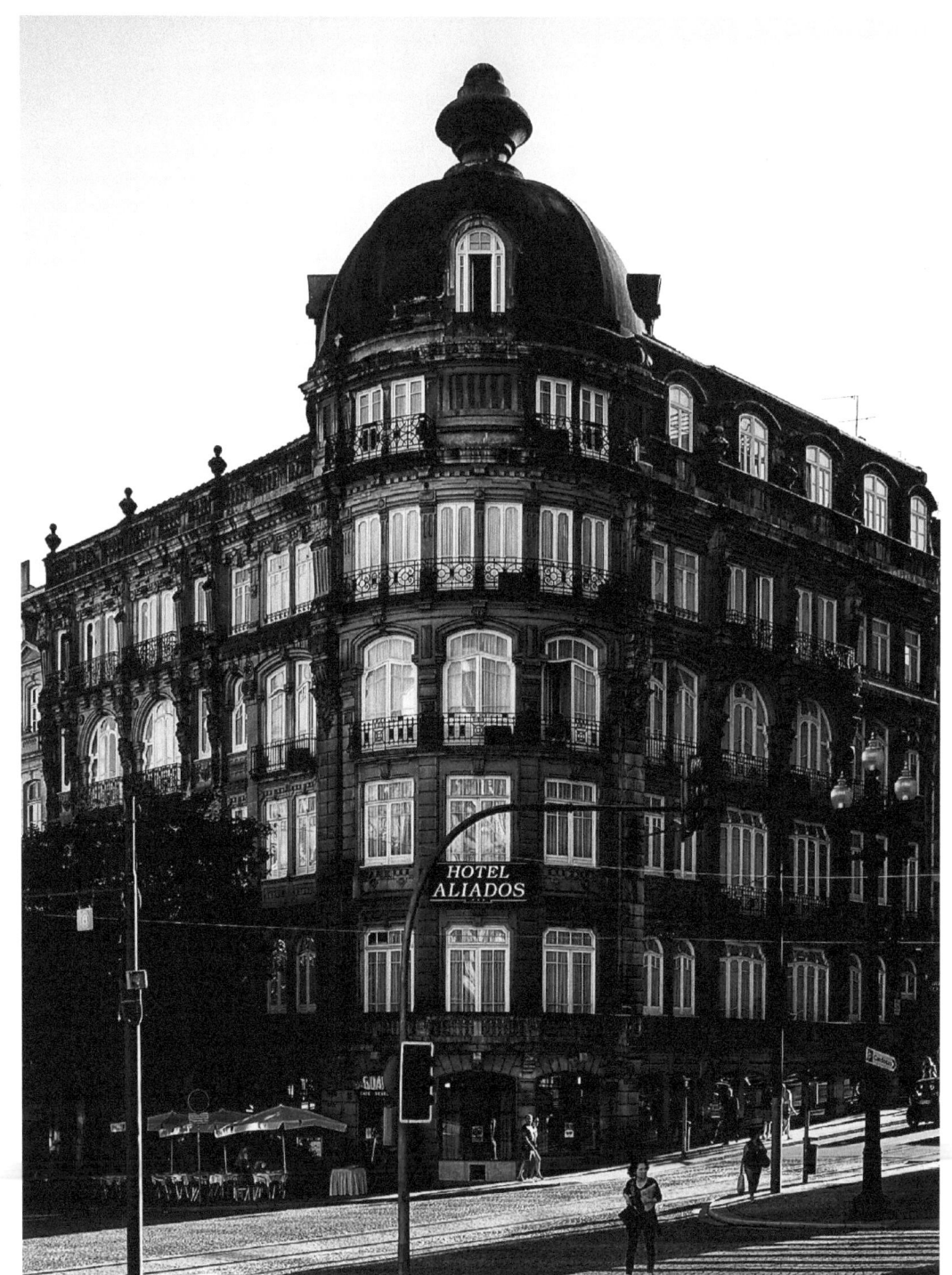

Oporto

www.ingramcontent.com/pod-product-compliance
Lightning Source LLC
Chambersburg PA
CBHW041301180526
45172CB00003B/927